PROCÈS
DU CHARIVARI

A GRAND ORCHESTRE,

Donné en l'honneur de M. Fossau-Colombel,

Chef de Bataillon de la Garde Nationale des Batignolles.

PLAIDOIRIE DE Mᵉ DUPONT.

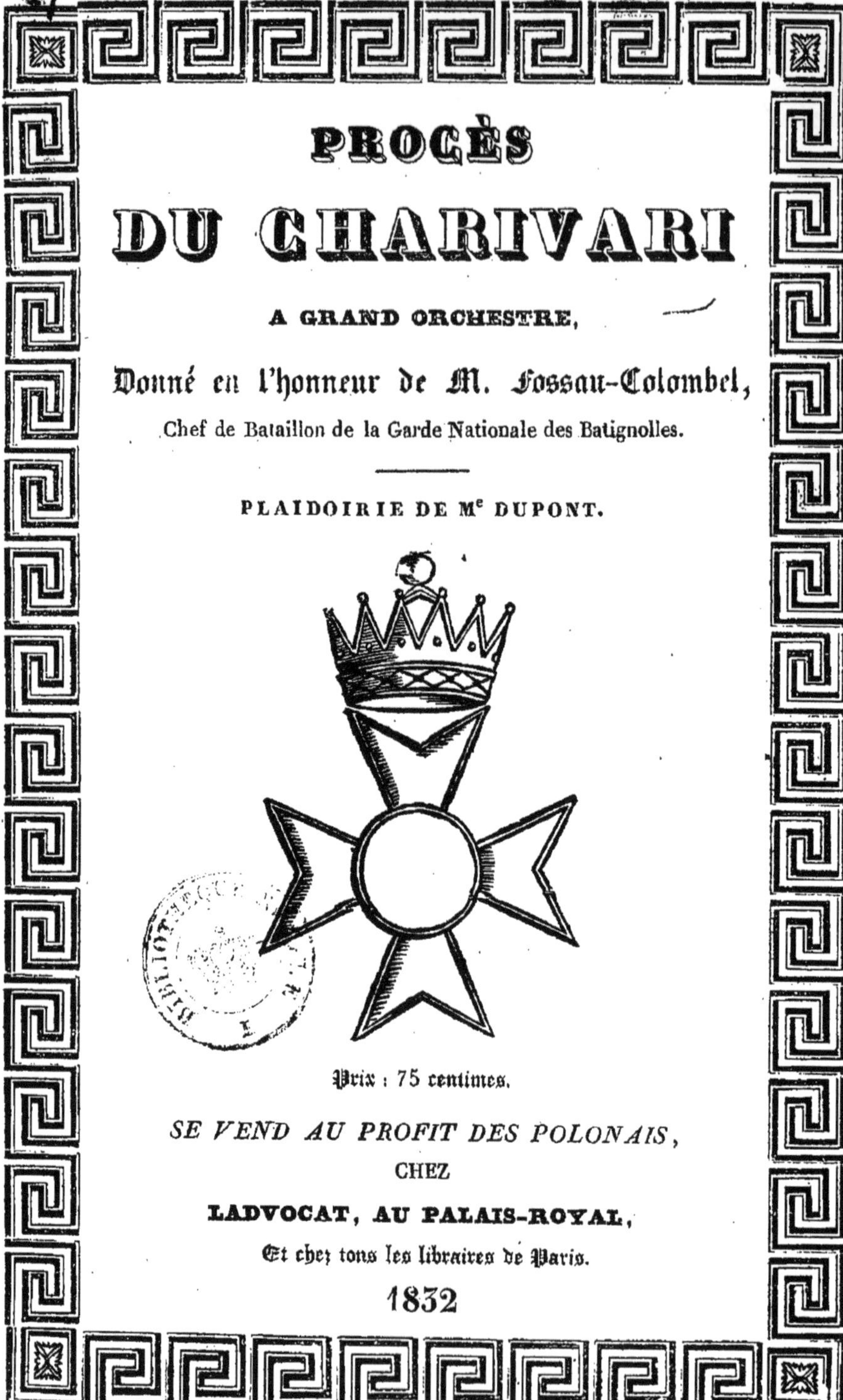

Prix : 75 centimes.

SE VEND AU PROFIT DES POLONAIS,

CHEZ

LADVOCAT, AU PALAIS-ROYAL,

Et chez tous les libraires de Paris.

1832

PROCÈS DU CHARIVARI

A GRAND ORCHESTRE,

DONNÉ EN L'HONNEUR DE M. FOSSAU-COLOMBEL.

————

Lors de la profusion de trois cent soixante-dix croix d'honneur, M. Fossau-Colombel, ancien agent de change, aujourd'hui habitant des Batignolles, et chef de bataillon de la garde nationale de cette commune, fut décoré de la croix d'honneur. Un assez grand nombre d'habitans des Batignolles crurent de leur devoir de protester contre la décoration de M. Colombel. Entre neuf heures et neuf heures et demie du soir, le 18 novembre dernier, ils se rendirent devant la demeure du nouveau décoré. Là, armés de poêles, de feuilles de tôle, de casseroles, de chaudrons, de cornets-à-bouquin, ils donnèrent à M. le commandant un des charivaris les plus harmonieux qu'aient pu flatter l'oreille d'un décoré. Il paraît que M. Colombel et M. Jaique, maire des Batignolles, ne sont pas très-sensibles à l'harmonie. Ils se fâchèrent contre les artistes qui avaient exécuté le charivari. Procès-verbal fut dressé, et douze habitans des Batignolles furent cités devant la justice-de-paix de Neuilly, comme prévenus de tapage *injurieux* et *nocturne*, contravention réprimée par l'article 479 du Code pénal.

Le 6 décembre, les douze prévenus comparu

rent devant M. Chapelain, juge-de-paix de Neuilly, composant à lui seul tout le tribunal de police municipale.

Après la lecture du procès-verbal, rédigé par M. Jaique, dans un langage plus ou moins français, M. le juge-de-paix procède à l'interrogatoire des prévenus. Tous reconnaissent avoir fait partie des artistes qui ont exécuté le charivari; tous ont déclaré qu'ils avaient voulu protester contre la décoration de M. Colombel; qu'ils seraient prêts à recommencer.

M. le maire de Neuilly, remplissant les fonctions du ministère public, soutient que le charivari du 18 novembre constitue un tapage nocturne et injurieux; et il conclut à ce que les douze prévenus soient condamnés à quinze francs d'amende et à cinq jours de prison.

Mᵉ Dupont, avocat des prévenus, a pris la parole en ces termes :

« MONSIEUR LE JUGE-DE-PAIX,

« Lorsque les douze prévenus sont venus me prier d'être leur avocat, peut-être ai-je un peu légèrement accepté le soin de leur défense.

« Bientôt des réflexions plus profondes me firent penser que l'action qui leur était reprochée était une injustice envers M. Fossau-Colombel; qu'elle était peut-être entachée d'un peu de jalousie, et surtout qu'elle était éminemment contraire au principe du gouvernement monarchique, sous lequel nous avons le bonheur de vivre. Je dis franchement ma façon de penser à tous les prévenus; mais ils n'eurent pas le temps d'invoquer le secours d'un autre avocat. Je ne pouvais dès-lors les abandonner, et j'ai dû les accompagner dans le sanctuaire de la justice-de-paix de Neuilly.

« C'est donc à regret, et comme malgré moi, que je viens présenter leur défense ; je dois même vous expliquer toutes les causes de mes scrupules.

« Dans quelle intention, disais-je aux prévenus, avez-vous donné un charivari à M. Colombel ? Vous vouliez, sans doute, faire une protestation inharmonique contre la profusion des croix d'honneur, qui, selon vous, avaient été prodiguées par le ministère ? Mais, leur dis-je, avez-vous lu Montesquieu, le grand Montesquieu, le plus profond des publicistes ? N'a-t-il pas écrit et professé que l'*honneur* était le seul principe du gouvernement monarchique ? Mais qu'est-ce que Montesquieu entendait par l'honneur ? Consultez tous les commentateurs : ils vous diront que Montesquieu voulait parler des *croix d'honneur*. Ainsi donc les croix d'honneur sont le soutien du gouvernement monarchique. Multiplier les croix d'honneur, c'est multiplier les solives qui étayent l'édifice de la monarchie. Enfin, dans l'intérêt bien entendu d'une monarchie, on ne saurait trop semer les croix d'honneur sous les pas des citoyens.

« Dès-lors, je dis aux prévenus : Que pouvez-vous reprocher à nos ministres ? Ils n'ont fait qu'appliquer d'une manière grandiose la théorie de Montesquieu, et ce sont évidemment de grands hommes d'état.

« Il n'y a que des républicains qui puissent se dépiter de voir consolider ainsi la monarchie. Si j'avais voix dans le conseil des ministres, je leur donnerais très-sérieusement l'avis de multiplier les croix d'honneur et de décorer toutes les boutonnières, qui, par amour pour la monarchie, consentiraient à l'être.

« Mais les prévenus ne sont pas gens faciles à convaincre ; ils ont prétendu que, sous la monarchie née de la révolution de juillet, il ne s'agissait plus de croix d'honneur, mais de vertus civiques, d'amour de la patrie, de probité politique..... Toutefois, pour rétorquer leur argument, il m'a suffi d'ouvrir encore Montesquieu : « Il ne faut pas, « dit-il, beaucoup de probité pour qu'un gouver- « nement monarchique se maintienne..... Mais, « dans un état populaire, il faut un ressort de « plus, qui est la vertu..... Dans les monar- « chies, la politique fait faire les grandes choses « avec le moins de vertu qu'elle peut..... L'état « subsiste indépendamment de l'amour pour la pa- « trie, du désir de la vraie gloire, du renoncement « à soi-même et de toutes ces vertus héroïques que « nous trouvons dans les anciens, et dont nous « avons seulement entendu parler. »

« Enfin, il paraît que dans la monarchie on doit tellement économiser la vertu, que Montesquieu termine par la réflexion suivante : « Que si dans « le peuple il se trouve quelque malheureux hon- « nête homme, le cardinal de Richelieu, dans son « testament politique, insinue qu'un monarque « doit se garder de s'en servir, tant il est vrai que « la vertu n'est pas le ressort de ce gouvernement ! »

Devant l'autorité si imposante de Montesquieu, les prévenus n'eurent plus rien à répliquer, ils

furent contraints d'avouer que leur charivari était
un acte contraire au principe du gouvernement
monarchique.

« Je leur fesais encore un autre reproche ; je leur
disais que c'était par envie, par jalousie, qu'ils
avaient donné un charivari à M. Colombel, mais
les prévenus protestèrent hautement contre une
pareille supposition. Pour se défendre, ils m'ont
donné une raison qui m'a parfaitement convaincu
que le fiel de la jalousie n'avait pas fermenté dans
leurs cœurs ; ils m'ont assuré qu'ils avaient lu dans
la partie officielle du *Moniteur*, ou bien peut-être
dans la partie officielle du *Figaro*, que tous les
gardes nationaux qui n'avaient pas encore reçu la
croix, pouvaient se présenter à l'état-major pour
la recevoir. En présence d'une pareille raison, il
est bien évident que la jalousie n'était pour rien
dans le charivari du 18 novembre.

« Mais je leur dis encore que je trouvais leur conduite injuste, car M. Colombel m'était connu pour
un excellent citoyen ; ils convinrent tous avec moi
que M. le chef de B^on. était bon père, bon ami, bon
époux, bon camarade ; à tous ces titres, ne méri-
tait-il pas bien la croix d'honneur ?

« De plus, dans les journées de la révolution de
juillet, M. Fossau-Colombel n'avait-il pas fait des
patrouilles dans l'intérêt de l'ordre public ? Ne s'é-
tait-il pas créé caporal par le seul ascendant de son
génie ? On sait que dans les tems de révolution, le
génie seul fait des caporaux comme des généraux.

M. Fossau-Colombel n'avait-il pas conduit ses patrouilles avec un esprit de prudence toute pater-
nelle ? Les prévenus en convinrent, et même ils me

citèrent un fait qui honore au plus haut degré
M. l'ex-caporal Colombel. Dans la dernière journée
de juillet, vers le soir, M. Colombel dirigeait une
patrouille; à quelques centaines de pas, il entend
un coup de fusil ; c'est sans doute l'armée entière
de Charles X qui s'avance! Va-t-il, imprudent caporal, exposer inutilement le courage et la vie de
ses douze ou quinze hommes? Non, certainement :
il faut conserver des existences si chères et si pré-
cieuses ; et M. Fossau-Colombel se hâte de remiser
toute sa patrouille sous une porte-cochère. Un quart
d'heure après, quand ce danger si imminent fut
passé, M. le caporal Colombel sortit avec sa patrouille, et il rentra au corps-de-garde sans avoir
perdu un seul homme !!!!

« Ainsi, vous le voyez, M. Colombel a peut-être
sauvé la vie à douze ou quinze citoyens. Dans les
républiques antiques, on lui eût décerné quinze
couronnes civiques; sous la monarchie, il a certainement bien mérité une seule croix d'honneur (1)!

« J'ai donc blâmé hautement la conduite des
prévenus. Sans doute, monsieur le juge-de-paix,
vous la blâmez comme moi ; mais pour que les
prévenus soient condamnés, il ne suffit pas que
leur action soit blâmable, il faut encore qu'elle soit
prévue et réprimée par un article de la loi pénale.
Examinons donc si le charivari donné en l'honneur

____

(1) Me. Dupont se trompe ici en disant que dans les Républiques antiques, on n'eût décerné que quinze couronnes
civiques au citoyen Fossau-Colombel ; on lui en eût certainement décerné seize, dont une pour la conservation de sa
propre personne. (*Note de l'éditeur.*)

de M. Colombel constitue, soit un tapage injurieux soit un tapage nocturne.

« Qu'est-ce qu'un tapage nocturne ? C'est évidemment un tapage qui trouble le sommeil des citoyens. Pour qu'il y ait tapage nocturne, il ne suffit pas que le soleil soit couché, il faut encore que les citoyens soient couchés et veuillent dormir. Telle est la véritable interprétation de la loi. Supposer que la loi punirait un tapage qui aurait lieu dès que la nuit serait close, ce serait supposer que le législateur se serait imaginé que tous les citoyens se couchent comme des poules. Une telle interprétation serait évidemment injurieuse pour les citoyens, que la loi ne semblerait pas croire plus civilisés que les habitans de leurs basses-cours.

« Or donc, pour savoir s'il y a eu tapage nocturne, il faut connaître à quelle heure, dans un endroit donné, les citoyens ont l'habitude de se coucher. Examinons quels sont les *us et coutumes* du sommeil batignollais.

« Et d'abord, qu'est-ce que les Batignolles ? Est-ce un village ? non, c'est une espèce de ville, une véritable succursale de Paris ou du Marais. Je me représente les Batignolles comme une colonie dans laquelle émigrent tous les Parisiens qui veulent se soustraire aux droits impitoyables de l'octroi. Du reste, mêmes mœurs, même esprit, mêmes usages aux Batignolles et à Paris. Aux Batignolles comme à Paris, il y a des badauds, des fashionables, des artistes, des gens d'esprit, des imbéciles, des gardes nationaux, et un chef de bataillon. Aux Batignolles on dîne à cinq ou six heures comme à Paris; à huit heures on va en soirée, là on joue à l'écarté, au boston, comme à Paris. Vers onze heures, les dames mettent leurs socles et leurs manteaux. Chez elles, il leur faut bien une demi-heure pour mettre leurs papillottes; on peut donc dire qu'aux Batignolles on ne se couche pas avant onze heures et demie ou minuit comme à Paris. Mais pour ne rien outrer, prenons un terme moyen; j'espère qu'on ne contestera pas qu'en prenant dix heures ou dix heures et demie pour l'heure commune du sommeil batignollais, je suis d'une modération extrême; je me tiens évidemment dans le juste milieu. Or, à quelle heure le charivari a-t-il eu lieu? entre neuf heures et neuf heures et demie. Si les citoyens des Batignolles ne sont pas réputés légalement s'endormir avant dix heures, le charivari qui a eu lieu à neuf heures ou neuf heures et demie, n'est pas un tapage nocturne, puisqu'il n'a pas empêché ou interrompu le sommeil de la commune.

«Ainsi sous ce premier point de vue, les prévenus sont légalement irréprochables... Mais ne sont-ils pas coupables d'un tapage injurieux pour un citoyen? c'est là le dernier point qu'il faut examiner.

«Il ne faut pas confondre le charivari conjugal avec le charivari politique. Le premier était en grande faveur dans les ci-devant provinces de Bretagne et de Picardie; le charivari conjugal se donnait lorsqu'une veuve se permettait de se remarier; lorsqu'un vieillard osait épouser une jeune fille; ou enfin lorsque le bruit public supposait qu'un mari était entré irrévocablement dans la catégorie des *prédestinés*. Ce charivari était évidemment un tapage injurieux; de plus il attaquait l'indépendance de la vie domestique qui doit être murée.

Mais le charivari politique a une autre origine et un autre but; il faut les connaître :

« Du jour où la flatterie a fait entendre pour la première fois une voix louangeuse, il est d'un homme impartial de reconnaître que la critique a bien eu le droit de faire entendre une voix plus sévère.

« Du jour où l'aubade à fait, pour la première fois, retentir de sons flatteurs la maison d'un citoyen, certes le charivari a eu le droit de faire résonner ses sons discordans et improbateurs.

« Ainsi, d'un côté, la flatterie et l'aubade; de l'autre, la critique et le charivari; c'est là la grande antithèse politique, morale et musicale.

« En d'autres termes, l'aubade est ministérielle, le charivari est de l'opposition; l'aubade est la musique du *Juste-Milieu*; le charivari est l'harmonie du *Mouvement*.

« Apprécié sous ce point de vue, le charivari n'est qu'un moyen d'exprimer, de publier une pensée politique, un blâme, une censure, une critique.

« Il ne sagit plus que d'examiner si ce mode de publier une pensée politique est prescrit par nos lois.

« Si nous ouvrons la Charte constitutionnelle, nous voyons à l'article 8 : « Que tous les Français ont « le doit de publier et de faire imprimer leurs opinions. » Ainsi donc les Français ont le droit non-seulement de publier leurs opinions par la voie de la presse, mais encore par tout autre mode de publication, c'est-à-dire par des discours, par des chansons, et même par la voie d'une musique plus ou moins harmonieuse. Dès-lors nous pouvons conclure hardiment que le charivari est un droit tout-à-fait constitutionnel.

« Mais, dira-t-on, un charivari est une injure... C'est là décider la question par la question ; le charivari ne sera une injure qu'autant que l'idée qu'il exprimera sera elle-même une injure ; le charivari ne sera coupable qu'autant que l'idée qu'il exprimera serait elle-même coupable, en la supposant publiée par la voie de la presse, ou par tout autre mode de publication.

« Maintenant, supposons que des journaux aient dit que c'était à tort que le gouvernement avait prodigué dans la paix une récompense nationale, qui, dans les temps de guerre avait électrisé le courage de nos soldats, et payé des flots de sang avec un peu de rubans ; que c'était à tort que l'on avait donné la croix à M. Colombel, qui ne semblait pas la mériter par des services antérieurement rendus au pays. Est-il quelqu'un qui puisse voir dans un pareil article une injure personnelle à M. Colombel ? Evidemment non. Tout esprit éclairé ne verrait dans un pareil article, que l'exercice d'un droit constitutionnel, l'exercice du droit de critiquer et de blâmer les actes de l'autorité ; l'exercice du droit d'expertiser en quelque sorte le mérite des citoyens auxquels on accorde des récompenses nationales. Si un pareil article était regardé comme une injure punissable par les lois, il faudrait dire qu'il n'y a plus de liberté de la presse.

«La critique que les prévenus auraient eu le droit de publier par la voie de la presse, peut-elle se transformer en une injure coupable parce qu'elle a été exprimée par la musique discordante d'un charivari? Non, cent fois non, puisque le charivari n'est aux termes de la charte, que l'un des mille moyens de publier une pensée politique.

« Dans le charivari donné à M. Colombel, quelle était l'intention des artistes? faire une injure personnelle à M. Colombel? attaquer sa moralité privée? Évidemment non. Les artistes n'avaient qu'un but, c'était de protester publiquement contre la profusion des croix d'honneur; de protester contre une décoration que rien ne justifiait. Les artistes avaient encore un autre but, c'était de faire la contre-partie de l'aubade que les fifres et les tambours, véritables flatteurs, avaient donnée à M. Colombel.

« Je dois terminer par quelques considérations générales : l'indépendance du charivari politique est de la plus haute importance pour les hommes d'état; sans cette indépendance l'aubade n'a plus de prix; c'est ainsi que la louange est sans douceurs et sans charmes lorsque la critique n'est pas permise. Sans l'indépendance de la critique et du charivari, la louange et l'aubade exerceraient le despotisme le plus ignoble et le plus mesquin.

« Je pourrais citer plusieurs exemples de grands hommes d'état qui ont respecté l'indépendace du charivari. Toutefois, je me bornerai à citer l'exemple de M. Persil, Procureur-général près la Cour Royale de Paris, député, homme d'état, homme politique. Lorsqu'il se présenta aux suffrages des électeurs de Condom, toute la ville lui donna pendant trois jours entiers, les honneurs et les plaisirs d'un charivari. M. Persil ne put même se soustraire à cette ovation harmonieuse, car il était cerné, et par terre et par mer, charivari sur la rue qui bordait sa maison ; derrière sa maison, sur le fleuve, encore un charivari. Cette grande exécution musicale fut même signalée par une circonstance remarquable. Si l'on en croit le *Figaro*, un duo de casserolles, un solo de chaudrons, ont été redemandés plusieurs fois, par les acclamations unanimes des habitans de Condom.

« M. Persil s'est-il cru insulté personnellement par ce charivari? Non ; il n'a vu là qu'une critique de sa conduite politique, qu'un blâme de ses opinions parlementaires; il n'a vu là que l'exercice d'un droit de censure que tous les citoyens ont le droit d'exercer envers un homme public. Si M. Persil, procureur-général et grand accusateur public, n'a pas fait poursuivre le charivari de Condom, comment M. Colombel a-t-il pu faire incriminer l'innocent charivari des Batignolles?

« En résumé, que présente cette cause? Rien que de fort ordinaire; une alternative de louange et de censure; un jour une aubade au son des fifres et des tambours ; un autre jour un charivari au son des poêles et des chaudrons. Le matin de la flatterie, le soir de la critique. En vérité, ne pensez-vous pas que les deux effets se compensent? Que reste-t-il donc? *zéro*, et c'est ce qu'il y a de plus réel dans la décoration de M. Colombel. En présence d'une compensation si mathématique, M. Azaïs nous absoudrait. L'avis de ce grand philosophe ne sera certainement pas une RAISON pour que vous nous condamniez. »

Après les répliques successives de M. le maire et de M⁰ Dupont, M. le juge-de-paix a rendu un jugement qui peut être formulé en ces termes :

Attendu qu'il résulte des faits de la cause et des explications données au nom des prévenus, qu'ils n'ont pas eu l'intention de commettre une injure personnelle envers M. Colombel, ni d'attaquer sa personne privée; qu'ils n'ont voulu que blâmer la distribution des croix faite par le gouvernement, et protester contre la décoration accordée à M. Co lombel, en sa qualité de chef de bataillon de la garde nationale; que dès-lors le charivari du 18 novembre ne peut constituer un tapage injurieux.;

Mais attendu que le charivari donné à neuf heures et demie, constitue un tapage nocturne, capable de troubler la tranquillité des habitans des Batignolles;

Le tribunal condamne les prévenus en 15 francs d'amende et aux dépens.

Cette décision consacre un point de droit fort important, puisqu'elle reconnaît aux citoyens le droit du charivari; à la seule condition qu'il ne soit pas exécuté à une heure où le sommeil des citoyens, puisse être troublé par une musique trop bruyante.

Imprimerie et Fonderie de G. Doyen,

RUE SAINT-JACQUES, N. 58.